芸人と娘

GEININ TO MUSUME

尾関高文（ザ・ギース）著

飛鳥新社

目次

イラスト　はるな檸檬

ブックデザイン　西村恭平（Balloon Design）

第一章　カエルの子はカエル

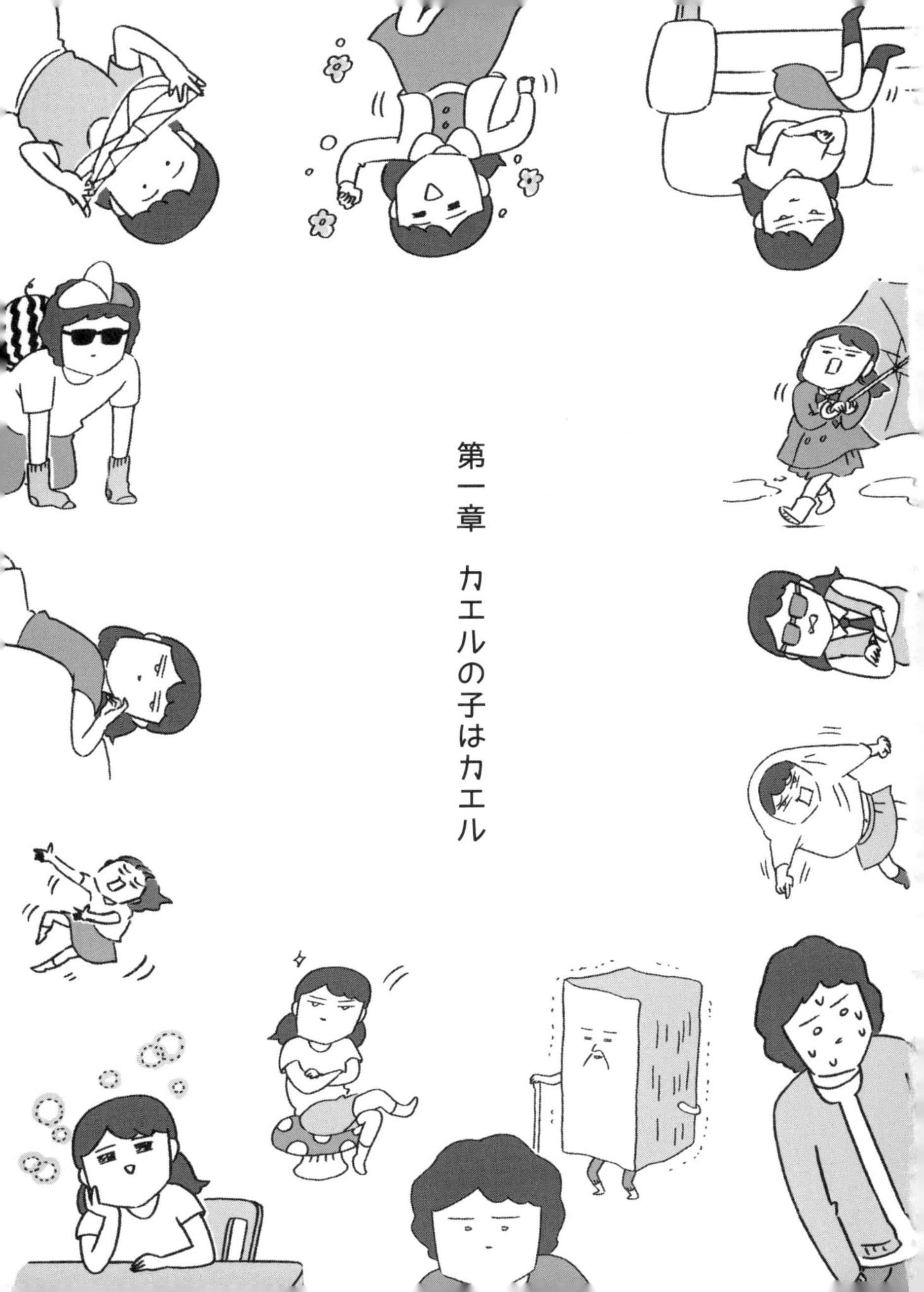

今朝《けさ》娘を幼稚園のバスまで連れていった時、娘が友達全員に
「ねえ！　ここダンゴムシがいるよ！」
と話しかけたのに誰も聞いてなくて
親としては物悲しい気持ちになったのだけど、
「だれも聞いてないんかーい！」
と娘が一人でつっこんでるのを見て、
今のところ自分の育て方は間違っていないのだと思った。

朝、住宅街の前にお迎えの幼稚園バスが止まる。娘と一緒に登園する園児達もみなそこに集まって、仲よくふざけあっているのだが、一人の言うことをタイミング的に誰もきいていないということはよくある。ほかの子はそういう状況になったりすると何事もなかったようにやり過ごすのだが、この日、ひとりツッコミをして状況を処理した娘を僕はほめてやりたい。

今日は雨。幼稚園のバスに送りに行く途中いつも通り
「台風で吹き飛ばされる人のマネ」をきちんとしてくれる。
安定のクオリティ。

傘を持つと必ずしてくれるちょっとしたエンターテイメント。雨の日の憂鬱が少し和らぎます。遅刻しそうな時もしっかりとやろうとするのでエンターテイメントも TPO を考えてするように教えています。幼稚園のお遊戯会で間違いなく生かされることのない芸、これがいつか人生の役に立つよう祈っています。

小道具のアフロをかぶって娘と遊んだのだけど、
そのあとアフロをとっていつもの天パに戻った僕を、
「もしゃもしゃのやつまだ乗ってるよ。早くとりなよ！」
と娘がいじってきた。娘初いじり、４歳の春。

人生で初めて人をいじったのが、父親の天パだという事実になんとも言えない気持ちになりますが、一つ一つ階段を上がる娘に驚くしかありませんでした。ただ、いじり方によっては傷つく人もいるので、気をつけるようにと諭しましたが、ピンと来ていないようでした。とりあえず「パパはどのようにいじっても大丈夫」と伝えたので、今後どのように料理されるのか期待と不安で胸がいっぱいです。

ショッピングモールの子供の遊び場に小さな屋台があって、
娘がたこ焼き屋さんをやってくれたのだけど、
焼き方などはおぼつかないのに、
屋台で寒がるたこ焼きやさんを演じる技術だけが異常に高い。
娘のたこ焼き屋さんのイメージは一体どうなっているのだろう。

「子供が寒がるオーディション」があればおそらく上位で通過するほどの演技であったことは鮮明に覚えています。なぜ設定が冬なのかは全く分かりません。ちなみに代金は 26 円と確実にたこ焼き屋を維持できない値段設定でした。

今日４歳の娘と水族館に行ってきた。帰り際に、
何が一番よかったかと聞いたら、
「エイがよかった」と答えた後に、
「ビーもよかった」と娘がボケてきたので笑ってしまったのだけど、
「これより面白いこと言ってみて」
と急に追い込みをかけられて、
面白いことが何も出てこなかったので心が壊れました。

不意にとても笑ってしまうようなボケをしてくることがあります。そこで味をしめたのか、後日「上野動物園にいきたい!」と言った後に「あと下野（したの）動物園にもいきたい!」というパターンも放ってきました。前回のことがあるのでぐっと笑いをこらえましたが「こういうの言ってみて!」とまたも無茶ぶりをされて何も言えずやはり死にました。

とあるテレビの仕事で、
僕が女装をしたところを娘がみていたのだけど、
しばらくしてから幼稚園の先生に、
「パパは女の人になったりするお仕事をしてる」
と伝えたようで、
今後の先生の僕に対する視線を考えると少し死にたい。

僕が完全に「そういう生き方の人」だと思われていることは仕方ないとして、まずはお笑いをしていることを伝えて欲しかった気持ちでいっぱいです。このあとに芸人をしている、と伝えられると、オネエ芸人だと思われる可能性はかなり高いでしょう。これを前向きに捉えてオネエ的なキャラにチェンジするいいチャンスなのかもしれません。

娘が「パパ面白いことして！」という地獄のパスをしてきたのだけど、
それに応えるべくしばらく面白いポーズなどをしていたら、
「パパは一体なにをしてるわけ？」
と急に冷めた目で僕を見てて、
自分は本当に何をしてるのだろうと一瞬人生を見つめ直した。

子供は残酷なほど急に物事に興味をなくします。こっちのエンジンがかかり始めたころはもう子供の興味はゼロになっています。たまに近所の優しいおじさんが話しかけて楽しませせようとしてくれるのですが、娘はものの5秒でおじさんに飽きるので見ていてハラハラします。

THE MANZAIを見ていた4歳の娘が、

「この人たちは落ち着きがないね」と言っていた。

娘には「漫才」は落ち着きがない2人がしゃべっているようにしか見えないようです。早口でしゃべるウーマンラッシュアワーの村本さんを「この人はとくに落ち着きがないよね」と言っていたので、彼女なりの基準はあるようです。今後自分も落ち着きがないパパと思われるのは困るので漫才は控えようと思います。

先日行われた幼稚園のお遊戯会のビデオを家族で鑑賞していたら、
自分の踊りを観ていた娘が、
「全然ダメだな……」と園児らしからぬ厳しいコメントをしていて、
テレビの出演ＶＴＲを観なおしても、
あまり何も思わない自分をとても恥ずかしく感じた。

子供は自分の出ている映像を観るのがとても好きなものです。女の子なのでどう自分が映っているのかも気になるようです。お遊戯会の演奏中に楽器を手に寝るというとんでもないミスをした時も、その時の映像をしっかり観ていました。いったい何をチェックしていたのか気になるところです。

家を出るとき４歳の娘がアメを２つ手渡してくれた。
「これはパパの分、もうひとつは社長とかにあげてね」
と言われたので、とりあえず今日出会う一番えらい人に
このミルキーをあげようと思う。

「社長」がえらいということ、そしてえらい人に優しくしたら僕に良いことがあるという、娘なりの考えから導き出された内助の功です。その日事務所の社長に会いましたが、急にミルキーを渡すとクビになる可能性もあるのでやめておきました。「ものをあげる」というのはあまりやりすぎると「わいろ」になるということは、もう少ししてから教えようと思います。

娘が今日もボケてきたのでかるく肩を叩いてつっこんだら、

「もっと強く叩いて！」と言われた。

このボケはもう少し強くつっこんで欲しいという一つ上の段階に来てるのか、強く叩かれることに興味を持ち始めてるのか判断しかねるが、どちらにしても若干の不安を覚えた。

子供はみなそうだと思いますがとにかくボケるのが好きです。特に娘は3歳でおしゃぶりを逆にくわえて「逆だろ! でしょ!」と要求してくるなど、ボケの早熟具合が際立っています。同じ組の友達にツッコミを要求し過ぎて浮いていないかとても心配です。

娘が寝言で

「お客さんもう入ってこないで！」と何度も叫んでいて、

なぜお店で働いているのかも、

どうしてそのお店が繁盛しているのかも、すべてが謎の深夜3時。

日常で色々思うことが多いのか寝言をよく言います。先日も「そこに物をおかないで!」と言ってました。一体どこに何を置かれそうなのか気になるところです。たまに寝言に話しかけてみたりすると、軽く「うん…」的に返事をしてくれることもあります。今度どこまで会話ができるか試してみようと思っています。

コントでドングリが必要になり、
幼稚園の娘に頭を下げてドングリを2つ融資してもらった。
今週中に3つにして返す約束をしたのだけど、
返済率でいうと闇金レベルじゃないかなと思う。

コントでドングリを使うってなんだよ！という部分はさておき、木の実を使うときは娘のドングリや草などを借ります。一度渋られたので「ドングリを2個にして返すから!」と言ったのがことの始まりでした。借ドングリ地獄にはまらないよう、ドングリが落ちているとすぐに拾うようにしているので、知り合いにたまに心配されます。

謎しりとりという、謎の単語でしりとりする
新しい遊びを娘としていたのだけど、
娘が**「足の裏からあげ」**や**「顔面カレー」**など
異常なほどの対応力を見せてきたので怖くなってやめた。
これ以上この分野のチカラを伸ばしてはいけない。

2 人だけでやる遊びがたくさんありますがその一つが「謎しりとり」です。2 人で電車に乗りながらとかでもやることがあります。僕が「せみパン屋」というと「やまいもタイツ!」僕「えー…つるつるクマ」「マーガリン結婚式!」というように永遠に続きます。意外とおすすめの遊びです。

娘が椅子じゃないものに座って、それに僕が、
「それ椅子じゃないだろ!」とつっこむ遊びをしていて、
小さな台に座った娘に「それ椅子じゃないだろ!」
とつっこんだのだけど、
「でもこれは椅子と言えなくもないよね」
と娘がまさかのトラップを仕掛けてきて、
今後こんな遊びでも気を緩めることはできない。

少し高いところのものを取るような台に座っていました。確かに椅子のようにも使えるため何も言い返せず、ただただ打ちひしがれました。最近「〜と言えなくもないよね」と言うのが彼女の中で流行っているので、この誰も幸せにならない口癖は封印するつもりです。

娘が深刻な顔で「お願いがあるんだけど……」と言ってきた。

こっそり玄関まで連れてこられ、

一体なにを言われるのかとドキドキしていたら、

「あのさ…コンタクト外すとこみせてくれない？」

と言われ、お笑いをするにおいてのお手本とも言える、

「緊張と緩和理論」を娘から学ぶことができた。

ありがとう娘よ。

ちょっとドキドキするからでしょうか、コンタクトを外すところを見るのが本当に好きです。寝る前に歯磨きをしているとコンタクトを外すまで近くにいます。玄関に呼び出された時はかなりビビりましたが、ヤクの密売っぽい雰囲気の中、コンタクト外しを見せました。コンタクトを外すシーンばかりの DVD があれば買ってあげたいほどです。

最近あやとりにはまってる娘がよくわからない作品を作っていた。
「これ何?」ときいたら**「事務所!」**と言ってきて、
糸で「事務所」を表すという、あやとりの概念を打ち砕く瞬間に立ち会えた。

意外と古風な遊びも好きで、あやとりの本を借りてきてまでいろいろ覚えています。最近は「バリカン」や「めじりのしわ」など不思議すぎる作品も本に載っているので、事務所というのもあながちなくはないのかもしれません。娘がいったいどこの事務所をイメージしたのかだけが気になります。

娘へ。
あの芸人さんは**「厚切りじいさん」**じゃなくて、
「厚切りジェイソン」だからね。

「厚切りジェイソン」を覚えられません。この間は「安心してください。はいてませんよ!」と言ってて、その間違いはやばいだろうと思いました。同じ芸人として他の芸人のネタを繰り返し見せられるのは複雑な気持ちではありますが、最近は麻痺してきて、僕も全力で一緒にやったりするので、知らず、大事なものを失っている気もします。

娘が「パパカッコいいね！」と言ってくれるのだけど、
いつも**「あと、かのうちゃん（狩野英孝）もかっこいい」**
と付け足してくるので、一筋縄では喜べないどころか、
今後どうなるかの不安がすごい。

「フジパン本仕込み」のＣＭの歌を
朝からループで50回近く聞かされている。
もはやフジパンからいくらかもらっていいレベル。

娘にキャラ弁をよく作ってあげるのだけど、キャラに集中しすぎておかずが入らなくなった。娘に感想を聞いたら、「詰めすぎかもね」と冷静なアドバイスをもらった。そうだね、パンパンすぎてほぼご飯だね。

「パパが出てるお笑いの映像をみたい」と言うので、ネットで見せてあげていたら、僕が席を外している間に、画面がお気に入りのミュージックビデオに切り替わっていて、それをパパはいつ出てくるのかドキドキしながら見ている。

ごめん、パパは「ウィー・アー・ザ・ワールド」には参加していないのだよ。

娘がどうしても干したい物があるというので、いいよとその場を離れ戻ってきたらおもちゃの包丁とフライ返しが干してあった。彼女なりに干したい理由があったのだろう。

第二章　戸惑いの父親

気持ち良い五月晴れの午後、

「パパ手下になってくれない？」

と娘に突然のお願いをされたのだけど丁重にお断りした。

あのさーお願いがあるんだけど……とまるで少女マンガのような前振りからこのセリフを言われました。「手下」という表現をどこから聞いたのかわかりませんがあまり意味はわかってないのだと思います。さわやかな風が目の前を通り過ぎていくのが見えたような気がしました。

お風呂に貼ってある日本地図を見ながら、北海道はすごく寒くて外に出れない日もあるんだよと教えてあげたのだけど、**「じゃあコートを35枚きたらいいんじゃん」**と謎の解決策を打ち出してきたので、いつか北海道の人に伝えてあげたい。

娘が嬉々として提案してきたのですが「ちょっと多いから 3 枚くらいでいいんじゃない?」などと言うと「まあどっちでも良いけど」と急に冷めたりもします。「福井とかも寒いんだよ」と教えたのですが「福井は大丈夫じゃない?」と不思議な判断を下していました。

寝る時に娘にお話をしてあげるのだけど、
今日の『お風呂に入らない臭いクマさん』のお話で、
「どうしたらクマさんをお風呂に入らせることができるでしょうか?」と僕がきいたら、
「入らないところすぞっていう!」と娘が答えたので、
彼女は信長タイプなことが判明した。

そもそも「臭いクマさん」の話ってなんなんだという部分はさて置いて、子供に何か考えて欲しい一心でしたお話が、よもやこんな結末を迎えるなど思ってもみませんでした。今後この娘の信長な部分を伸ばすべきか悩むところです。

●今月の娘からパパへの褒め言葉ベスト3

「パパはだれよりも手が長いね！」

「（スラムダンクの赤木を見て）パパこの人よりかっこいいよ！」

「パパの歯ブラシのいろ、すごくおしゃれ！」

もっと父親として頑張ろうと思います。

娘に褒められる内容がいつも微妙です。先日も綾野剛をみて「この人よりパパイケメンだね!」といった直後に「あのさ、イケメンてどういうこと?」と聞いてきてとても複雑な気持ちになりました。まあでもたくさん褒めてもらえるのもこの時期だけだと思うので、一つ一つメモしておこうと思います。

娘が「いつかパパと結婚する！」

と言っていてとても嬉しかったのだけど、その後、

「あとたいちくんとも結婚するし

たけしくんとも結婚する！」

と言ってきたので急に話が穏やかでなくなった。

娘が新たに一妻多夫の文化を作りかねない、とても心配なセリフです。さらに最近は「今日〇〇くんのお腹を枕にして寝てたらさ…」と出だしから時空がゆがむほどのだいぶショッキングな話を聞かされました。園児の男女関係の話は心が休まりません。

娘が幼稚園で好きな男の子と手をつないだと報告され、
昨晩はあまり寝つけなかった。
娘と仲のいい友達にお菓子をあげて監視してもらわなければ。

本人は好きという気持ちをまだそこまではっきりとはわかっていないのですが、気にはなっている男の子のようです。今までの人生で味わった事のない感情に戸惑いを隠せませんでした。授業参観の時にその男の子ばかり自然と目で追っている自分に気づいた時、これはいけない! ヤバいパパだ! と痛感したのですが、この感情をどう処理していいか誰か教えてください!

行楽地でテンションが上がり、娘に、
「ご当地スタンプを押しなよ！」と勧めたら、
「押してなんか意味があるの？」と言われたのだけど、
その瞬間世の中の物すべてが意味のないことに感じられ、
今、少し悟りを開けそう。

子供のしゃべることは時として真理であったりします。自分がご当地スタンプに今まで持っていた価値観が一瞬のうちに崩れ去りました。ご当地スタンプを信頼しすぎていた自分を恥じました。一つ気がかりがあるとすれば、あの時、前にいた老夫婦が娘の発言を聞いてご当地スタンプ帳への情熱を失っていないかという点だけです。

最近覚えたての「あまのじゃく」を言おうとして、

「パパはほんとにおたまじゃくしだねえ」

と言ってくる娘を笑っていたのだけど、

「大人のようでまだまだパパは子供だね」

という深いメッセージだと考えたら今少し悟りを開けそう。

現在もおたまじゃくしとあまのじゃくを間違える娘ですが、ギャンブル的に「どっちか言ってみて、合ってたらいいや」と勝負に出てくることがあります。間違えてもいいのでその博打感だけは控えてほしいところです。

娘が「たたいてかぶってジャンケンポン」ではなく、
「たたいて歌ってジャンケンポンしようよ！」
と言ってきたので、とりあえずやってみた。
今、ジャンケンで負けた僕は、アナ雪を歌いながら娘に一方的に
新聞紙の棒で殴られている。
一刻も早くこのゲームを闇に葬り去らなくてはいけない。

このゲームは僕が勝っても「パパはたたいちゃダメ!」という地獄のルールで行われます。歌いながらたたかれている時間は何かの修行を受けている気にすらなりました。あまりに不条理すぎるので今はこのゲームは禁止です。

僕は将棋《しょうぎ》が好き過ぎて、携帯のアプリでも将棋をする。

それをよく奥さんに怒られるのだけど、最近、娘がなぜか監視役になり、僕がこっそり将棋をしてるのを見つけると鬼の首をとったかのごとく「パパが将棋してるよ！」と奥さんに報告する。

先日風邪をひいて寝ていたら、娘が寝室に入ってきたので、お見舞いに来てくれたのかな？　と思ったら、

「パパ…まさか将棋してないよね？」

と言われ、もう我が家に安住の地はない。

「将棋罪」という罪名があるかのごとく、将棋をすることがとてつもない犯罪を犯したような扱いを受ける不思議な世界です。トイレで隠れて将棋をしていた時も「パパトイレ長くない？ まさかとは思うけど将棋してないよね?」と彼女は捜査の手を緩めません。しかし最近「はさみ将棋」で将棋の世界に少しずつ興味を示しているので、こちらのダークサイドに堕ちるのは時間の問題です。

僕の一番好きな色は緑なのだけど、

「パパが好きな色だから」

と言って、顔を緑でぬりつぶすのはやめていただきたい。

僕のすきな色は緑だとしっかりと認識をしています。大きくて緑の人はもうただのグリーンジャイアントです。僕が森にいる絵などになるともう一面ただの緑なので、そろそろ緑人からの卒業を熱望しています。

お風呂で僕の鎖骨のくぼみにお湯をためるのが好きな娘が
「パパさあ、もっとここへこませられないの？しょうがない人だねえ」とあきれた顔をしてきた。
鎖骨をへこませられないだけで人格を否定されるとは夢にも思わなかった。売れてお金ができたら外科手術をしてこのくぼみを深めるべきだろうか。

子供はほんとに鎖骨が好きです。こっちの鎖骨の事情はおかまいなしで鎖骨をくぼませ、そこにお湯を入れる遊びを延々と繰り返します。たまに鎖骨にお湯をためたまま「そのまま動かないで!」という無茶なことを言われたりもします。鎖骨芸人としての仕事があればお待ちしています!

娘へ。
パパの絵をたくさん描いてくれるのはとても嬉しいけど、
髪の天パー具合をそこまで忠実に表現しなくても大丈夫です。

子供は時として残酷なので、あまりこちらが描いて欲しくないところをしっかりと描きます。しかも割と大げさに。子供のイラストが一番正直なのかもしれません。大きすぎるパパというイメージもあるようで、僕が「進撃の巨人」ばりの巨大さ（50 メートル級）で描かれていたこともあります。写真修正をしまくる現代の女子たちは子供に似顔絵を描いてもらい、自分と向き合ってほしいものです。

娘がライオンキングの「シンバ」を「ルンバ」とよく言いまちがえてしまうのだけど、

「ルンバが崖から落ちるシーン」や「ルンバが仲間を助けるところ」と言われると、どうしてもお掃除ロボットが崖から落ちたり、仲間のルンバを助ける姿が頭に浮かんでしまい、冷静に話を聞けない。

ルンバがサバンナの動物たちの頂点に立つ姿は正直見てみたくはあります。ルンバで劇団四季さんにロングラン興行をやって頂きたいものです。娘はシンバとルンバを間違えはしますが、おそらくお掃除ロボットルンバのことは知らないようで、ルンバをシンバとは言いません。どうでもいいことですが。

娘が最近幼稚園で行われた避難訓練にはまってしまい、
うちで避難訓練ごっこをやらされたのだけど、
「ゆれがおさまるまで机の下にかくれてください！」
と言う娘の指示に従って僕が机の下に隠れると、
そのままどこかへ行ってしまった。
この放置プレイはいつまで続くのだろうか。

あの緊張感が好きなようで、うちでも避難訓練をします。とても良いことだと思うのですが「揺れが収まりましたもう大丈夫です」の部分がないため、終わりがよくわからないままどこかに行ってしまいます。隠れ続けている時、普通に話しかけてくる時もあり、どういう気持ちでいま僕に話しているのか不思議になる時もあります。

娘が着替えるときいつも、

「パパが女だったらこのパンツはく?」

とどう答えても変態にしかならないパンツ確認をしてくるので、

着替えるときはなるべく離れるようにしています。

女の子なので洋服などにはかなり気を使っています。これになにが合うかとか色味がどうとか知ったようなことまで言います。ただパンツのことは聞かれても困るので、その場合は、まあどっちでもいいよ的な返事で逃げます。おかげで最近「パパはパンツに関しては頼りにならない人」という認識ができたのですが、それはそれで悔しい気持ちにもなります。

僕が朝仕事に出る時、いつもは娘がお見送りをしてくれるのだけど、
今朝は買ったばかりのぬり絵をやりたすぎて、

「これをやりたいからお見送りにいけなくて悔しいよ！」

と居間で悔しがりながらぬり絵をしている。

ぬり絵の魅力にパパは勝てない。

そんなの自分のさじ加減じゃないのかな、なんて口がさけても言えません。ぬり絵はそれほどまでに娘にとって魅力的なのです。しかし玄関まできて「いってらっしゃい」と娘に言ってもらえるのは限られた時間しかないと思うと、ぬり絵に妬みを感じてしまいます。ぬり絵より魅力的な父になることが今年の目標です。

２人で森の動物をいじめる悪者と森を守るお姫様ごっこをしていて、娘に「こちらの見方についたら宝石をやろう」と言ったところ、**「わかったわ。そっちにつく！」**とすぐ寝返ってしまったので、あわてて「でもそれでよいのか！」と娘を思いとどまらせるブレブレな悪者になってしまった。

まだ自分の中の正義が固まってない娘は、ちょっとしたことですぐに意見を翻したりしてしまいます。このあと何回も「せかいを平和にしたほうがけっきょく幸せになるぞ〜」とか、「宝石などすぐなくなるけど、人の幸せはずっとつづくぞ〜」など悪者どころか聖者のような説得をし、無事娘にやっつけられました。めでたし、めでたし。

お腹が痛いと苦しんでる娘を看病していたら、

「みんなはお腹が痛くなくてよかったね……」

と言ってて、本当にいい子だなと思ったのだけど、しばらくして、

「でもパパに痛いの代わってほしいな」

と指名を受けて、今は少し複雑な気持ちでいる。

「宝石より平和が大事だ」という教えをしたせいか分かりませんが、人の幸せをねがうことが多くなりました。しかしその分のしわ寄せがだいたい僕にきます。転んだりしても「痛いのをパパにうつして!」と、そこは「痛いのとんでいけ」じゃだめなの? 的なことを言ったりします。まあそのくらい、いくらでも受け入れますが!

娘の中で「ＥＸＩＬＥ」と「トイザらス」が混じって、どちらのことも**「エグザラス」**と呼んでしまうのだけど、ＥＸＩＬＥがトイザらスに来てくれれば、目で見てきちんと違いが分かると思うので、関係者の方、検討よろしくお願いします。

エグザラスだ! と娘が言うのでテレビを見ると、トイザらスの CM だったりするのでびっくりします。願わくば EXILE さんがトイザらスの CM に出て「たくさんいるのが EXILE、たくさんおもちゃがあるのがトイザらス。どちらも笑顔を届けます!」的なことを HIRO さんあたりが言ってくれるとありがたいです。大手広告代理店の方もぜひよろしくお願いします。

いつも寝る時に娘のリクエストを聞いて
おやすみのお話を作って聴かせてるのだけど、
今日は**「天狗《てんぐ》とシマウマが岡山に行く話をして！」**という
謎過ぎるお題で、今までで一番どうしていいか分からなかった。

その日仕入れた言葉をすぐに使いたがるので、このような難解なリクエストが非常に多いです。「舞妓《まいこ》さんがキノコを持って松戸に行く話」をお願いされた時は頭の中が真っ白になりました。将来デビッド・リンチのような不条理映画を好んで見るようにならないか心配です。

今年、娘から言われて一番ショックを受けた言葉は、

「パパはつまらない男だねえ」

です。

「外でボールで遊ぼう」という娘の誘いを断ったら突きつけられた言葉です。人生で「つまらない男だね」と言われる機会はそうないと思う（思いたい）ので今では良い経験をしたという気持ちです。奥さんが裏でそう言っていることも絶対ないと思う（思いたい）ので自然に浮かんできた言葉なのでしょう。

部屋の床に寝転がって足で娘を持ち上げる飛行機ゲームをよくやる。

どの家庭でもおなじみのアレだ。

娘はこれがとても好きで、我が家ではこれを**「お金を入れない飛行機ゲーム」**と呼んでいる。

先日、ゲームセンターの前を通った時、百円で乗れる飛行機の乗り物があったので「やる？」と聞いたら、

「いい。家に帰ってお金を入れないやつやりたい！」

と言ってきた。

完全に娘が家にお金がないのを気遣ってるみたいになり、周りの人が「いっぱいいのかけそば」を見てるような悲しい顔になった。

神の速度でその場をあとにしたのはこの夏一番の思い出。

子供は皆そうだと思いますが、娘はこれにあまりにはまりすぎて、お金入れないやつ、と所構わず言うので非常に恥ずかしいです（膝に乗せてカーレースゲームをする「お金を入れない車ゲーム」というのもあります）。せめて外出時には「ノーマネーカーレース」とか「リーズナブルエアプレイン」など、もう少し恥ずかしくない名前で呼んでほしいものです。

今朝、娘がおにぎりのことを、

「ご飯をかためたやつ」と呼んでいて、

おにぎりに対してなんか冷めた。

最近「パパのこと日本で一番好き！」
とよく言ってくれて、嬉しい限りなのだけど、
世界ランキングの方がとても気になる。

娘にハロウィンのキャラ弁を作った。今回はけっこう喜んでくれたけど、「次はこれをチンアナゴにして!」とまさかのチンアナゴとハロウィンのコラボミッションを受け、いま心を悩ませている。

近所の人と何気なく「うちの子、紫色が一番好きなんですよ」

と話していたら、

「おいおいそんな恥ずかしいこと言わないでよ〜」

と言ってきて、娘の恥ずかしさのツボがいまいち分からない。

年中《ねんちゅう》、むずかしい年頃。

娘が「サビ」のことを何度教えても「セベ」と言ってしまう。あきらめてそのままにしていたところ、娘の面倒をみていたお義母《かあ》さんから**「セベ」とは何か**と連絡があった。

奥さんも心当たりがないと心配している。

親族が混乱し始めているのでそろそろきちんと教えようと思う

誰もいない和室から声がするのでそっと覗いてみると、
娘が**「なんでそんなのもわからないの⁇」**
と携帯の音声対話機能に対し、信じられないほど強気に出ていたのだけど、こういう機械をないがしろにする気持ちが将来、対ロボット戦争の引き金になりかねないので、
今後Ｓｉｒｉに対しても丁寧に話しかけるよう、しっかり教えなければいけない。

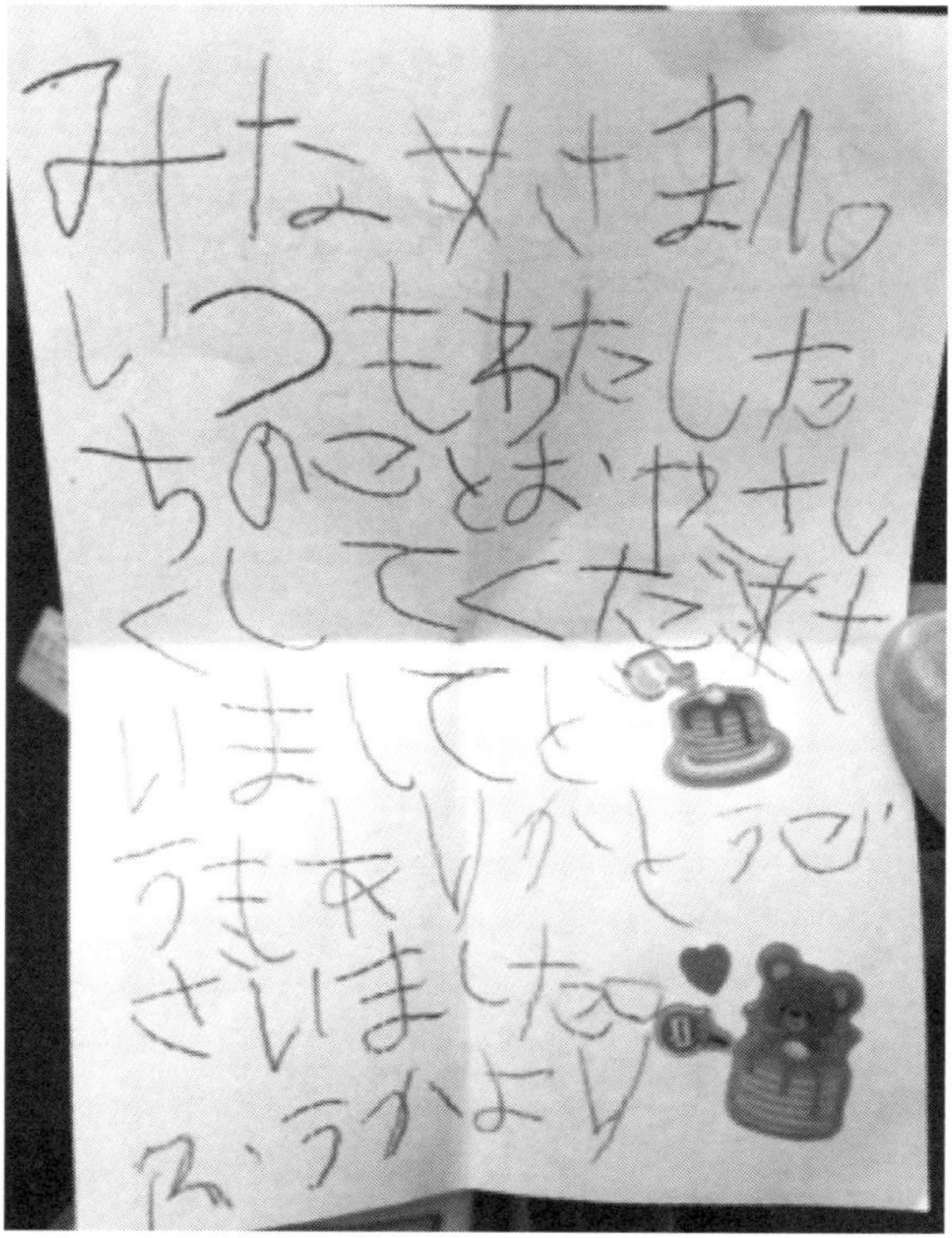

幼稚園で敬語を習ったばかりの娘が手紙をくれたのだけど、へりくだり方が半端ない。幼稚園の先生がこれを見て家庭事情が複雑なのかと思われていないか、とても心配だ。

第三章　成長する娘

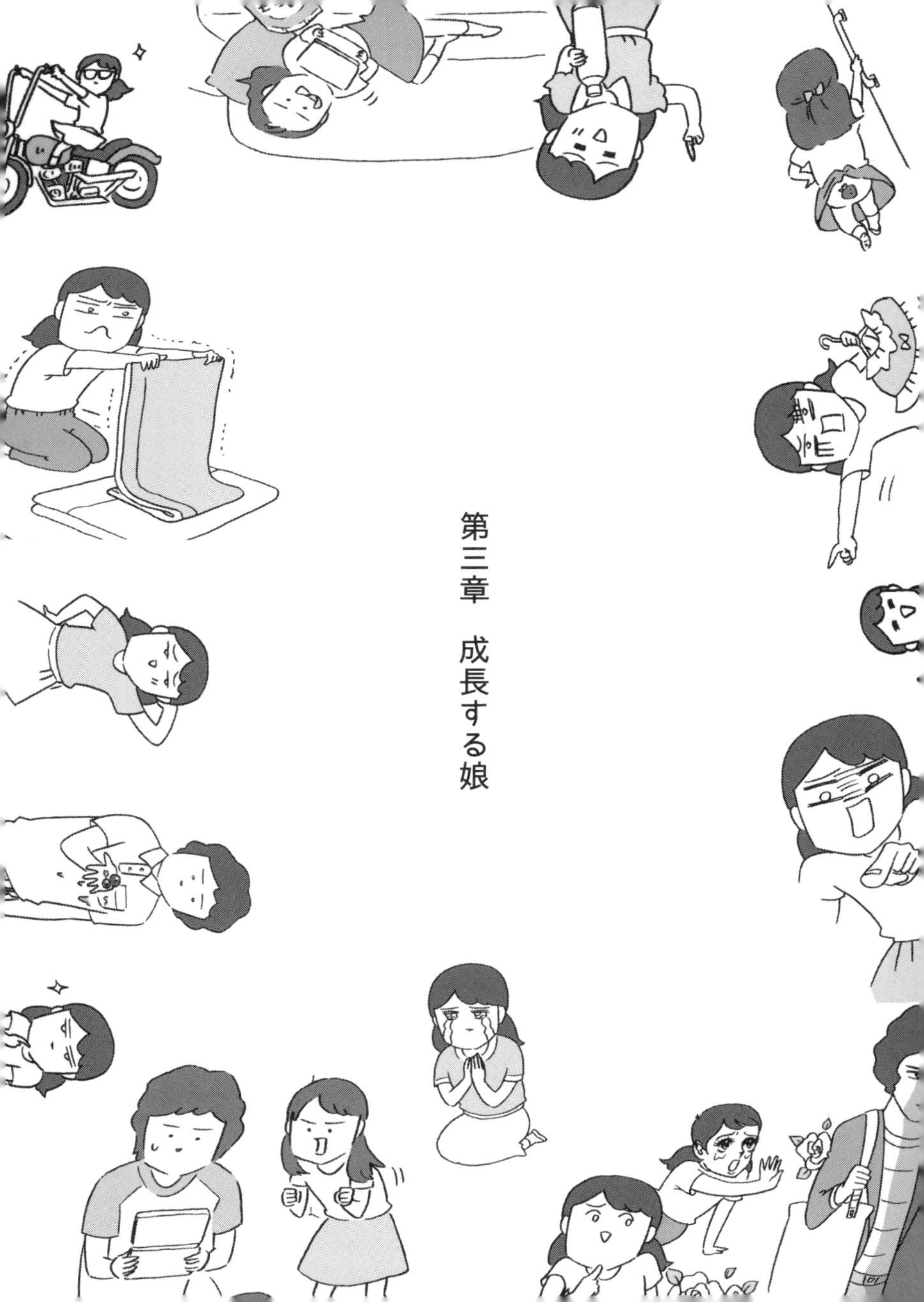

海で捕まえてきたヤドカリが死んでしまい、お墓を作ることにしたのだけど、娘がお墓に埋める直前に泣きながら、

「これ…食べれないんだよね…?」

と聞いてきた最終確認に、今後何があってもしっかり生き抜く姿を見た。

「きちんとせわしないと死んじゃうからね?」と言ってしっかりとヤドカリの面倒を見ていたのに死んでしまいました。初めて飼った生き物が動かなくなり、娘なりに強い悲しさを感じていたようです。「これで命の尊さを学べれば…。娘よ、大きくなれよ」と少々感極まりました。その直後のセリフになります。

出かける時、娘に「パパが頑張れるようにしといたからね」
と言われたので、なんだろうと思ってたのだけど、
電車でふとポケットを探ると**プチトマトが2つ出てきた。**
今、娘のために頑張ろうという気持ちと、潰れて漏れたトマト汁を
どうやってキレイにするかで胸がいっぱいです。

よく手紙や物をポケットにいれてきたりするのですがトマトは初です。きれいな石が大量に入っていた時はこのまま溺れたら終わるなという気持ちにもなりました。唯一、昔入れてくれたどんぐりはそのままずっとポケットに入れてあり、会えない時はどんぐりを触って寂しさを紛らわしています。

トイレを終えた娘が、

「もう一人でなんでもできるから！」と言っててとても嬉しいしありがたいのだけど、**スカートががっつりパンツに巻き込まれてるので一人にできない。**

プライドを傷つけないよう「ゴミが付いてるよ」と言ってこっそり直してあげる。

とにかくなんでも１人でやりたがる年頃。まちがいなどを指摘しても、彼女は意志を曲げることがありません。仕方ないので「虫がいるよ」とか「今こびとが服に入っていったよ」などと、他人が聞いていたら僕自身が完全にやばい人に思われるようなことを言って服を直してあげます。

「ハイ!」と元気よく返事をするとすごく褒められるので何にでも「ハイ!」と返事するブームが娘にきたのだけど、すぐに体がついてこなくなって今お菓子を寝ながら食べて「ハイ!」と返事している。返事だけはものすごくいい。

娘よ! なんかわからないけどパパに似てるぞ!

娘を見ているとまるで昔の自分を見ているような時があります。母親に「起きてるの!」と言われ「大丈夫! 起きてるから!」とベッドの中でまどろみながら、まるで起きてるかのような返事をしていた頃を思い出します。数年後昔の僕同様、布団の中からしっかりしたふりの返事をするようになるのでしょう。

娘がよく僕に「この天井届く？」と言ってくるので、調子にのって「届くよ～」といって天井を触ったりしていたのだけど、今日は天井を触るその流れで、

「でもさすがにあれには届かないよね？」

と冷蔵庫の上の方のジュースを取らせようとしてきて、昔話のような狡猾《こうかつ》さを見せてきた娘に戦慄《せんりつ》が走った。

昔話「三枚のお札」で、妖怪がお坊さんに「さすがに豆には化けれないでしょ〜」と言われ、豆に変身して食べられたという話が頭をよぎりました。このままこのズル賢い力が伸びるのもどうなのだろうと思いましたが、この「とんち」に敬意を払い、ジュースを取ってあげました。

娘を驚かせようと思って突然倒れて死んだふりをしたのだけど、
娘がおびえながらもぼくのポケットから携帯をそっと取り出してゲームをやり始めた。
教育というものの重要性を改めて感じている。

ときどき死んだふりをするのですが、最近少し慣れてきたみたいで、ビビりながらも携帯を持って行ったりするのでやばいなと感じています。ほんとに倒れた時ゲームをやられたらこちとらたまりません。最近は抜き取られる直前に生き返るようにしていますが、それはそれで本当に倒れた時、近づいてこない可能性もあるので、教育の難しさを痛感しています。

夏場は掛け布団をせずに足元にきっちりとたたんでおくのが娘の中での決まりごとなのだけど、
1センチもずれがないように慎重に布団をたたみ、寝落ちした瞬間、足で布団を蹴り飛ばすのを見るたび、世の中の無情さを感じる。

何かに取り憑かれてるのではないかと思うくらいのこだわりで、娘は布団をしっかりとたたみます。夜中にふと目を覚ますと、暗闇のなか、1人できっちり布団をたたむ娘を見ることも珍しくありません。うまくいかないと起こされてたたまされます。そしてまたすぐ寝て蹴飛ばします。軽い地獄です。

今日の娘は初めて補助輪なしで自転車に乗れたので自信がすごい。

みんなから褒められ得意になって、

「自転車はもうのれるから、こんどパパのバイク（原付）にものらせてよ！」

とまで言ってきた。どうやら「調子にのる」ことまで覚えてしまったようだ！　ぎゃふん！

彼女の今まで生きてきた人生で一番のピークだったのだと思います。１週間前までは倒れた自転車のそばで悔し泣きをしていたのに、今は全てを手に入れたように堂々としています。しっかりとした娘は、しっかりと自転車の買い替えを要求してきたので、こちらもしっかりと延期を願い出ました。

休みの日にどこに行こうか？　と娘と話していたのだけど、

「どこでもいいけど5階だてのたてものとかにいったほうがいいんじゃないかな？」

と人生で初めての「誘導」をしてきたので、今日は5階建てのショッピングモールに行って好きなゲームをやらせてあげることにしよう。

ショッピングセンターでゲームをしたい娘が、そうはっきり言うと断られるので、あやふやな表現を駆使して誘導するということを学んできました。とにかくゲームコーナー付近まで近づきさえすればあとは勝負に持ち込めると思っています。「あのゲーム今人気があるんだよ」とその後しっかりとプレゼンが行われたりもするので、その時は負けを認めてゲームをやらせてあげます。

娘がリレーの選手に選ばれたのだけど、僕が聞きまちがえて、
「体操選手に選ばれたのはすごいなあ」と言ったら、
「いやリレーの選手だから！」と僕につっこんだあとに、
「まあ、組み体操もするから体操選手ではあるけどね」
と言ってきた。
娘は年長さんになりレベルがあがって「ふぉろー」を覚えた！

去年まで足の遅かった娘が、僕との特訓の成果もあり、今年リレーの選手に選ばれました。余裕が出てきたのか、僕がこんなまちがいを言っても冷静にフォローされました。その成長はとどまることをしらず、今まで「ガスヒーターの時間延長を警告するアラームの停止スイッチを押す」という役に命をかけていたのに、最近は「パパ押していいよ」と一皮むけてきたほどです。

娘のお気に入りのノートに「じぞう」とだけ書いてあった。
悩みがあるなら早く聞いてあげないといけない。

ノートに「じぞう」とだけ書いてありました。一瞬娘が心に闇を抱えているのかとびっくりしましたが、最近お地蔵さんに興味があるっぽいので、そっと書いてみた的なことだと思います（そう思いたい）。このままおじぞうさんへの気持ちが高ぶりすぎておかしな行動をする前に、おじぞうさんのことを教えてあげてガス抜きをしてあげようと思います。

一緒に出かけても途中で仕事に行ってしまうことが多い僕に、

「仕事とわたしとどっちが大事なの！」

と幼稚園の娘が強く詰め寄ってくるたびに思う、

「このセリフはもはや女性の遺伝子に深く刻まれてる」感。

芸人なので、夕方からの仕事なども多く、それまで娘と遊ぶことがあるのですが、出掛けにこのセリフをよく言われます。おそらく人間の歴史が始まった頃から続く「私と仕事どっちが大事なの」問題。どんなに文明が進歩してもこの質問の答えをまだ人間（のオス）は見つけることができません（今のところは抱っこしてごまかしてすぐに家を出る、が答えです）。

娘が今日お話ししてくれた、桃太郎の鬼との決着のつけ方が、

「刀で鬼の髪を切って恥ずかしくさせて追い出す」

という方法で、この話には世界平和のヒントが隠されてる気がする。

やはり女の子。最近髪を切りすぎることが恥ずかしいという認識を持ち始めました。ただ、それが「鬼が逃げてしまうほどの恥ずかしさだ」と娘の中で認識されている所を見ると、「髪の切りすぎ」が娘の恥ずかしさランキングに初登場ですぐに上位に躍り出た可能性があります。「髪の切りすぎ」で争いが収まる平和な世界を願います。

でもその前に桃太郎のお供として登場したウサギが、
「たくさん跳ねて鬼に金棒を振らせ、疲れたところを噛む」
という高度過ぎる戦略だったのを考えると、
やはりそうでないのかもしれない。

「髪の毛切りすぎ」の退治方法で微笑ましい時間を過ごしたのもつかの間、急に高度な戦術をウサギが繰り出してきたので、そのギャップに驚きを隠せませんでした。完全にボクシングの「ヒットアンドアウェイ」作戦です。この戦略を桃太郎に伝えることができたなら桃太郎ももっと楽に勝利を収められたかもしれません。ちなみに本家の桃太郎にはウサギは出てきません。

ゲームの難しい面をクリアしてと娘に頼まれたのだけど、

「アンコール」と「ファイト」の意味をとりちがえて、

「パパ！　アンコール！　アンコール！」

と言ってくるものだから、やる前からプレッシャーがすごい。

「アンコール!」はいたるところで言いたくなるのか、一時期アンコールブームでした。帰宅直後にアンコールが巻き起こり、何度も帰宅を繰り返した時は一体自分は何をしているのか不安になったものです。アンコールに適したシチュエーションをしっかりと教育しようと思います。

娘とケンカをした。

「もうパパと遊んであげない！　パパはもう終わったね！」

と、とんでもない追い込まれ方をしたのだけど、携帯電話のゲームを10分間好きにやらせてあげると言ったら許された。

僕の終わった人生はわりとすぐに再開した。

娘の中では「パパにとって、娘に遊んでもらえないことは死に等しい」という感覚があるようです。この現代社会では闇金の取り立てのときくらいしか聞かないであろうこの言葉を、娘が今後は一切使用しないように監視していこうと家族会議で決まりました。

どの服を着て行こうか娘が迷っていたので、
少し明るい色の服を勧めたのだけど、
「こんな派手なの着て出かけたら、マニキュアしてるって思われるじゃん！」と言われ、マニキュアに対する偏見がすごい。

お化粧自体はとても好きなのですが、マニキュアだけは悪だというイメージを強く持っています。お化粧セットでどんなにリップを塗って、アイシャドウをしてもマニキュアだけには決して手を出しません。いつか娘が年頃を迎えて、ごってりしたマニキュアを塗るようになったらこの言葉を思い出させ、一度原点に立ち返らせてあげようと思います。

今日初めて娘がやれやれといったから、

今日は娘のやれやれ記念日。

子供が人生で初めて発したであろう言葉を聞けるのはとても嬉しいものです。最近も急に「これ鬼うまいね!」などと「鬼」という表現をした瞬間は驚きを隠せませんでした。ただ今後「パパ鬼頑張ってね!」とか「パパ鬼すべってたね」などと言われるのはとても嫌なので、現在「鬼」に関しては使用禁止となっています。

家族みんなで夜レストランに行った後に娘が花火をしたいというので「冬だから寒くてダメだよ」と諭したら、

「なんで!? 今日は最高の夜にしたいのに!」と言ってきた。

いまどき聞かないそんなトレンディーな言葉をどこで覚えたのか不思議でならない。

バブル時代のドラマでしか聞いたことがないセリフをどこで仕入れたのか全く見当がつきません。なだめようと「夏になったらやろうね」と言ったら、「そんなに待てると思うわけ?」と返されました。娘がよく見るYouTubeの履歴に「東京ラブストーリー」や「私をスキーに連れてって」などが出てこないかを確かめてみようと思います。

娘に「ちょっとした」という言葉を教えたら、
奥さんが着けている僕があげた婚約指輪を見て、
「ちょっとしたダイヤモンドだね」と、この世で一番正しい
「ちょっとした」の使い方をされてぐうの音も出ない。
そのあと奥さんに「ちょっとしない」指輪を請求されたのはいい
思い出。

子供は驚くほどに覚えた言葉を見事に使いこなす時があります。おそらくこの瞬間、世界中で一番適切な「ちょっとした」を使ったコメントだったことでしょう。ちゃんと合っている言葉を使っているのに、母親は乾いた笑いをし、父親は青ざめてる状況を見て、娘は不思議そうな顔をしていました。

幼稚園の娘が最近好きなキャラを新学期最初のお弁当にしたのだけど、「あー、これアニメは好きだけどお弁当になるとそんなに好きじゃなくなるんだよね」とよくわからないこだわりを見せつけてきて戸惑いしかない。

娘が寝る時に桃太郎の話をしてくれたのだけど、

「桃太郎はおばあさんにきびだんごと、しいたけを４つもらいました」

という謎のアレンジを加えてきて娘の成長を感じた。

幼稚園が休みの朝「あー今日休みでよかった」

と娘が言うので「なんで?」と聞くと、

「幼稚園て大変なんだよ? みんなにあいさつしなきゃいけないし」と返してきた。そこまであいさつすることが重荷になってるとは思わなかった。すまない娘よ!

車で娘とラジオを聞いていたのだが、それまでかかっていた様々な流行りのＪ－ＰＯＰになんの反応もしなかった娘が、ふと流れてきた『夢で逢えたら』を耳にして、

「この曲はすごくいいね」と言ってきた。

そんな鈴木雅之の曲が心に刺さる娘は来月５歳の誕生日を迎える。

娘が初めて一人でシャンプーができるようになった。昨日まで顔に水がかかるのすら嫌だった娘が……。

小さな手で大人と同じような仕草で髪を洗う娘。しかもリンスもお湯でしっかりと伸ばして髪になじませてるではないか！

娘の都合で自分の髪を洗ったり湯船に浸かったりすることもままならない事が多かった僕だけど、もう髪を洗ってあげる事もないのかもなどと思って少し悲しい気持ちにもなる。そんな成長に嬉しさをかみしめ感慨に浸っていたら娘が湯船にいる僕に声をかけてきた。

「パパお風呂出ていいよ！　これからは一人で入るから！」

娘の成長の早さを見くびっていた。まさか髪を洗ってあげなくなるどころか一緒にお風呂まで突然入れなくなるとは！

明日になればまたいつも通り一緒に入るかもしれないし一人で入るというかもしれない。でもあと少しだけ一緒に入らせてもらおう。今度はパパの都合で。

おまけ　天狗とシマウマが岡山に行く話

「天狗とシマウマが岡山に行く話」

むかしむかしあるところにてんぐさんがいました。

てんぐさんはあるひ、ふとおもいました。
おかやまにいきたい！　と。

おかやまにいきたいきもちが
どうしてもおさえられなくなったので、
ともだちのしまうまさんにでんわをして
いっしょにおかやまにいくことにしました。

おかやまはとてもとおいので
ふたりは

「さんようしんかんせん」
でいくことにしました。

まずちばけんのまつどといぅえきから、
ふたりは
「じぇいあーるじょうばんせん」
にのることにしました。
しかししまうまはでんしゃにのれないので、
しまうまさんだけは
「かもつしゃりょう」
にのることになりました。

てんぐさんはとうきょうえきにつくと、
しんかんせんのちけっとをとることにしました。

てんぐさんはからだもおおきく、
はなもながいので「まどぎわ」をとりました。

おかやままで４じかんくらいかかるので、
てんぐさんはずっとねていました。

おかやまにつくと
てんぐさんはきみどりのぶどうと、
きびだんごをたべました。

とくにほかにすることもなかったので
てんぐさんはすぐにかえりました。

いえにつくとしまうまさんがいました。

「〝かもつしゃりょう〟でも、しまうまははこぶことができないといわれた」
としまうまさんはいいました。

てんぐさんは
「あしたはとっとりにいきたいね」
といいました。

しまうまさんは
「またぼくだけいけないだろう！」
とつっこみました。

ふたりは、ははは。とわらいましたとさ。

おしまい

尾関高文（おぜき・たかふみ）

1977年8月6日生まれ。190センチ78キロ。相方の高佐一慈とともにお笑いコンビ「ザ・ギース」として活動。
キングオブコント2008・2015ファイナリスト。言葉やストーリーの仕掛けに満ちた独特のコントを演じ、
毎年精力的に開催される単独ライブには多くの観客を動員している。
その他「アメトーーク！（広島カープ芸人）」（テレビ朝日系）出演など、広島カープへの幅広い知識を活かし活動。
無類の恐竜好きとしても知られ、科学番組の恐竜ナビゲーターを務め、
佐賀県立宇宙科学館などでイベントも行っている。

芸人と娘

2016年4月9日　初版第1刷発行

著者　尾関高文
イラスト　はるな檸檬

発行者　土井尚道
発行所　株式会社 飛鳥新社
〒101-0003
東京都千代田区一ツ橋2-4-3 光文恒産ビル
電話（営業）03-3263-7770（編集）03-3263-7773
http://www.asukashinsha.co.jp

印刷・製本　中央精版印刷株式会社

ISBN 978-4-86410-437-1

編集　畑北斗